COCRIANDO SONHOS

Thais Galassi

COCRIANDO SONHOS

Copyright © 2021, Andrade, Thaís Galassi de
É proibida a reprodução total ou parcial sem a expressa anuência da autora.

Editora:
Bellelê Projetos Literários

Revisão:
Ligia Rabay

Capa, projeto gráfico e diagramação:
Renata Zucchini

Dados Internacionais de Catalogação na Publicação (CIP)
(Câmara Brasileira do Livro, SP, Brasil)

Andrade, Thaís Galassi de
      Cocriando sonhos : usando o poder da mente para manifestar a vida dos seus sonhos / Thaís Galassi de Andrade. -- São Paulo : Bellelê Projetos Literários, 2021.

    ISBN 978-65-996738-0-1

    1. Autoajuda 2. Autoconhecimento 3. Cura 4. Inteligência emocional 5. Lei da atração 6. Poder da mente I. Título.

21-92671   CDD-158

Índices para catálogo sistemático:
1. Lei da atração : Poder do pensamento : Psicologia 158
Maria Alice Ferreira - Bibliotecária - CRB-8/7964

Dedicatória

Começo esse livro fazendo uma dedicação especial a mim mesma. Isso mesmo! Sempre fui uma garota "normal", porém, as pessoas da minha família sempre me falavam que eu era "diferente", pois tudo que eu desejava, eu conseguia, e tudo na minha vida sempre dava certo; as coisas aconteciam com facilidade.

Sou a primeira filha de quatro irmãos de pais separados e, desde criança, ouvia que eu era a mais independente, a mais educada, a mais sorridente... enfim, só não era a "melhor aluna", pois, naquela época, eu realmente não gostava de estudar.

Todo esse excesso de elogios na infância e juventude me trouxeram coisas boas e ruins. As boas vocês já podem imaginar: eu era autossuficiente, me sentia segura, amada e bonita.

O lado ruim é que eu me tornei uma criança com um ego gigante e, de repente, meus amigos da juventude começaram a me zoar por eu ser e ter tudo sempre melhor.

Mas são coisas que hoje encaro pelo lado positivo. Sim, isso mesmo. Descobri que o jeito com que eu lidava com os acontecimentos, principalmente os ruins, era de uma maneira tão leve que as coisas davam certo para mim. Esse meu jeito leve era fazer o que tinha que ser feito com uma visão positiva das coisas.

Na sexta série, eu repeti de ano, e fiquei mais triste pela minha mãe do que por mim. Hoje, eu acho que foi a melhor coisa que me aconteceu na vida pois, a partir daquele momento, eu me transformei, virei ótima aluna e fiz tantos amigos legais que nem me lembrava que tinha repetido de ano.

Essa era a mágica que eu já tinha dentro de mim e não sabia naquela época. Eu confiava que tudo ia dar certo no final e não ficava preocupada – ou não dava tanta atenção – para os acontecimentos ruins, cocriando e manifestando, assim, coisas boas e prósperas na minha vida.

Mas só fui entender isso um tempo atrás, quando decidi mudar a minha vida e comecei a estudar a mente humana. E aprendi que nós aprendemos e evoluímos de verdade quando temos desafios na vida. Então, mudei meus padrões mentais e comecei a estudar mais, principalmente sobre o que eu poderia fazer para ajudar as pessoas a confiarem e acreditarem no poder de suas mentes para conseguirem realizar os seus sonhos de maneira fácil e prática.

Não que seja algo fácil, mas você precisa realmente estar disposto a mudar padrões e crenças limitantes, que são nossos conjuntos de hábitos, ou seja, aquilo que acreditamos ser verdade para nós, pois é isso que te impede de ter o sucesso que você sempre sonhou.

Mas acredite: quando isso começar a acontecer, é tão mágico que vocês também vão querer compartilhar com outras pessoas.

Espero que gostem do livro e que cocriem muito.

Gratidão infinita
pela sua conexão.

Sumário

Introdução 10

capítulo 1 O poder das palavras 16

capítulo 2 Desafios 24

capítulo 3 Energia 30
    Escala Hawkins da consciência Hz 34

capítulo 4 Ondas cerebrais 40
    Aprendendo sobre os estados mais
    profundos da consciência 41

capítulo 5 Chakras 46
    Primeiro chakra 52
    Segundo chakra 53
    Terceiro chakra 54
    Quarto chakra 55
    Quinto chakra 56
    Sexto chakra 57
    Sétimo chakra 58

capítulo 6 As leis do universo 60
    1. A lei do pensamento 62
    2. A lei dos recursos 68
    3. A lei da atração 70
    4. A lei do receber 72
    5. A lei da apreciação (gratidão) 74
    6. Lei da compensação 77
    7. A lei da não-resistência 78

capítulo 7 **Vibração** 82

capítulo 8 **Saiba pedir ao universo** 86

capítulo 9 **Trocando as vibrações negativas
para positivas** 90

capítulo 10 **Identifique se você tem alguma
crença limitante** 94

capítulo 11 **Mente consciente e
mente subconsciente** 100

capítulo 12 **O que você deseja?** 106

capítulo 13 **Visualizações** 120

capítulo 14 **Acredite, tenha fé/afirmações** 124

capítulo 15 **Permita-se receber** 128

capítulo 16 **Meditação e gratidão** 132

capítulo 17 **Passo a passo da manifestação** 138
                1. Escolha seu desejo 139
                2. Leia seu desejo todos os dias 140
                3. Visualize, mentalize seu desejo 140
                4. Acredite 141
                5. Procure estar em vibrações positivas 142

capítulo 18 **Ser de luz** 143

Agradecimentos 153

INTRODUÇÃO

E não é que os semelhantes se atraem! Se você está lendo esse livro agora, se prepare, porque eu vou te contar tudo que eu aprendi sobre a lei da atração, sobre o poder da mente e sobre energia e vibração. Enfim, tudo que eu uso para manifestar a minha realidade.

Eu acredito que, se somos feitos à imagem e semelhança do criador de tudo que é, também podemos manifestar todos os nossos sonhos. Eu não preciso te provar que a lei da atração existe. Ela simplesmente existe e está agindo na sua vida desde que você nasceu.

Confesso que já estudei e li vários livros sobre o assunto, e o que eu vou te apresentar aqui é como usar a lei da atração a seu favor de uma forma simples e fácil.

Leia com carinho e acredite: não existem coincidências. Se você está com esse livro em mãos, é o momento de você começar a transformar a sua realidade e eu terei um grande prazer em fazer parte dessa transformação.

Eu desejo que você cocrie muito, que você realmente manifeste seus sonhos.

Acredite:
não existem
coincidências.

capítulo 1

O PODER DAS PALAVRAS

A palavra tem muito poder e ouvimos muito isso desde sempre, mas não acreditamos verdadeiramente. Talvez seja porque, toda vez que ouvimos, logo pensamos que já sabemos e, por esse motivo, não damos tanta importância assim.

Para provar isso, Masaru Emoto, um cientista japonês, utilizou uma técnica muito interessante para demonstrar os efeitos dos sons, palavras e vibrações do ambiente, pois eles fazem toda a diferença. No experimento, ele colocou três potes de vidro contendo uma quantidade idêntica de arroz e água. Em cada um deles, Masaru depositou uma energia diferente, falando com o pote todos os dias, direcionando uma intenção.

Ao primeiro pote, ele dizia a frase: "Obrigado, você é incrível". Todos os dias, Masaru agradecia. Ele depositou amor.

Ao segundo pote, ele repetia todos os dias: "Seu idiota, você não presta, te odeio". Ele depositou ódio.

O terceiro pote, ele ignorou completamente.

Depois de um mês, o resultado foi incrível. No pote em que ele depositou amor, o arroz estava fermentado naturalmente.

No pote em que ele depositou o ódio, os grãos ficaram cobertos com uma substância escura.

E no vidro que ele ignorou, o arroz simplesmente embolorou.

> Com esse experimento incrível e simples, Masaru conseguiu mostrar que as palavras, assim como toda a energia que colocamos em algo ou alguém, fazem toda a diferença.

Portanto, as palavras têm o poder de destruir e de criar coisas incríveis.

O poder das palavras

Amizades, relacionamentos, empresas começam com conversas e podem terminar por causa de qualquer palavra *"mal dita"*.

Então, se você fala para você mesmo todos os dias que você não pode, que você não é capaz, está depositando essa energia na sua vida, e realmente você não vai conseguir ou ser capaz. As palavras não são levadas ao vento; elas ficam agarradas na nossa mente e no nosso coração, criando nossos paradigmas, nossas crenças.

Perceba a vida de uma pessoa pessimista. A vida dela é uma bagunça, nada dá certo e provavelmente ela ainda diz para todos que não tem sorte na vida.

A palavra é um dos maiores poderes que temos na nossa vida, se usada corretamente.

Até porque, muitas palavras são reflexo dos nossos pensamentos, tanto positivos quanto negativos.

Dizemos coisas sem pensar, não percebemos o que estamos dizendo e – pior – não pensamos nas consequências geradas por uma palavra ou expressão.

Por isso a importância de pensar antes de falar.

As palavras
têm o poder
de destruir
e de criar
coisas incríveis.

O poder das palavras

Não se trata de reprimir seus pensamentos, mas sim de melhorar a qualidade dos seus pensamentos e, consequentemente, do que sai da sua boca diariamente.

Por isso, muitas vezes o silêncio é de ouro, pois, quando estamos alterados emocionalmente, com certeza não vamos nos expressar da melhor maneira.

E você pode controlar o que sai da sua boca, parando e respirando profundamente por alguns segundos, e pensando antes de dizer algo.

> Por isso, uma boa dica é escrever antes de falar com alguém sobre algum assunto importante, pois isso irá te ajudar a organizar as ideias e se expressar melhor.

Diga a si mesmo o que diria à outra pessoa. Assim, você perceberá como está se expressando e vai avaliar a melhor maneira de falar para que o outro consiga te compreender do jeito que você planejou.

Fale com as pessoas como você gostaria que falassem com você.

Seja amável. Dizer coisas boas e agradáveis só irão fazer bem para você e para o outro.

Uma das leis universais diz que você recebe do mundo exatamente aquilo que você entrega. Então não tem como começar a cocriar coisas magníficas se você ainda tem sentimentos ruins dentro de você. E, principalmente, se você ainda usa o poder das palavras para falar coisas negativas.

Liberte-se e vamos cocriar!

Seja amável.
Dizer coisas boas e agradáveis só irão fazer bem
*para você
e para o outro.*

capítulo 2

DESAFIOS

Todos temos problemas na vida, mas prefiro chamá-los de desafios, pois, como as palavras têm poder, como vimos no capítulo anterior, mentalmente o desafio é algo que se pode superar. Já o "problema", não tenho tanta certeza assim.

Energeticamente, quando você se depara com um desafio na sua vida e ele persiste ou se repete, é porque você tem algo para aprender e evoluir com isso.

O que acontece é que julgamos ser ruim todo desafio que aparece na nossa vida, focando sempre no pior da situação. Então, passamos a evitá-lo a todo custo, não aceitando o que realmente está acontecendo.

Mas, quando você procura entender o que está aprendendo com esse desafio, com essa situação, **energeticamente você muda o cenário do todo.**

Fazendo perguntas poderosas, você percebe que esse é apenas um momento da sua vida, no qual você está tendo a oportunidade de evoluir e passar para o próximo nível.

Em vez de olhar para o desafio e ficar com medo, criando resistência no fluxo de energia, você direciona sua atenção para o aprendizado, para a evolução que esse desafio está te trazendo. Até porque, você vai aprender nesse livro que acabou atraindo essa situação para a sua vida, consciente ou inconscientemente.

Mas calma! Respire fundo, conecte-se com a sua essência, faça uma meditação, traga a segurança para dentro de você. Perceba como está agindo ou pensando com frequência e o que está te levando a criar essas situações.

Analise seu interior, sinta o que sua alma está pedindo. Quando estamos no presente, no momento do agora, isso expande nossa alma e traz *insights* poderosos.

Desafios

Aceite que tudo está acontecendo do jeito que deveria ser, e, no momento exato, isso irá se resolver. Por isso, visualize o seu problema já resolvido.

 **Uma boa dica é fazer uma lista das possíveis soluções para a situação, para ter certeza da melhor escolha na hora de resolvê-la.**

E pare de julgar e questionar todo desafio que chega até você, comparando seus problemas com os das outras pessoas e desejando uma vida sem adversidades.

Veja seus desafios como oportunidades de transformação e crescimento emocional, mental e espiritual. Busque o aprendizado com eles e veja como as coisas se resolvem de maneira fácil, e – principalmente – aprenda a não atrair mais situações como essa para sua vida.

Todas as vezes que me deparei com um desafio, no primeiro momento eu julgava ser ruim e queria que esse grande problema fosse resolvido

Aceite que tudo está *acontecendo* **do jeito que** *deveria ser.*

Desafios

o quanto antes. Mas aprendi que, quando não julgamos as situações desafiantes que aparecem na nossa vida como ruins, apenas olhamos e buscamos possíveis soluções, focamos no aprendizado desses problemas.

Lembro de um momento da minha vida em que fui dispensada do meu trabalho e fiquei muito decepcionada, pois eu era uma ótima funcionária. Como aquilo poderia estar acontecendo comigo!? Ou seja, eu estava julgando essa demissão como algo muito ruim que estava acontecendo naquele momento. Mas, depois de algum tempo, eu me senti aliviada. Eu compreendi que não estava mais feliz , motivada e dando o meu melhor naquela empresa. E daí veio o grande aprendizado: eu inconscientemente não queria mais estar ali e já estava vibrando isso há um tempo. **O universo apenas me deu o que eu "estava pedindo"**, mesmo que de forma inconsciente.

Eu atraí essa demissão, e essa foi a melhor coisa que aconteceu na minha vida naquele momento, porque logo depois tudo começou a mudar e eu despertei para essa nova realidade que eu vivo hoje.

capítulo 3

ENERGIA

Do ponto de vista científico e metafísico, tudo e todos somos formados por energia. Cada um com uma frequência vibratória diferente. Por isso, somos únicos e exclusivos, cada um com sua energia e vibração.

A frequência é medida em hertz (Hz), assim como as ondas de rádio. Elas são as vibrações que são medidas por segundo, o conteúdo energético que você carrega no seu dia a dia.

Tudo na vida é energia viva. Assim como a água, os raios solares, os animais, as plantas e tudo na natureza está na casa dos 500 Hz, onde vibra o amor.

As frequências mais baixas são medo, tristeza, raiva, doença, fracasso, culpa, inveja e vergonha, entre outros. Por isso, é importante estar consciente dos seus pensamentos e emoções.

Normalmente, oscilamos muito nossa vibração, pois, em um mesmo dia, podemos acordar nos sentindo super bem e estar em uma vibração positiva, em uma vibração mais alta, e, depois de lembrar de algo ruim do passado ou de acontecer algo desagradável, nesse mesmo dia você acaba ficando com uma vibração negativa, mais baixa. Por isso vivemos em altos e baixos.

> Sabendo disso,
> que tal estar atento às
> suas emoções e começar
> a mudar sua vibração
> e atrair tudo que te faz bem?

Energia é o composto, é tudo.
Frequência é a velocidade da vibração.
E vibração é a qualidade da sua frequência.

Cada um emite uma vibração da sua identidade pelo universo.

Tudo
na vida
é energia viva.

ESCALA HAWKINS
DA CONSCIÊNCIA HZ.

O psiquiatra americano David R. Hawkins conseguiu a determinação matemática de níveis de consciência, ou seja, os níveis de vibração.

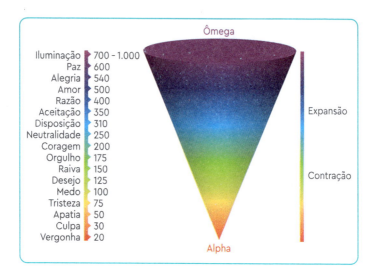

Armazenamos recordações e questões emocionais na mente subconsciente. Ela também está em comunicação com o todo, conectada com a mente global ou do inconsciente coletivo da humanidade.

O indivíduo com um nível mais alto de consciência, que tem uma vibração positiva, mais elevada, compensa o peso de muitos outros indivíduos que estão abaixo do nível crítico de vibração, ou seja, abaixo de 100 Hz.

> **Você tem uma vibração pessoal que é só sua, e ela muda dependendo do que você está pensando, sentindo e fazendo.**

Nossa vibração pessoal também é afetada pelas vibrações do mundo e das outras pessoas, pois estamos todos conectados. Por exemplo, se você se encontra com uma pessoa super "para cima", com uma energia positiva, você se sente bem de estar ao estar lado dela. Mas também, ao estar perto de alguém muito pessimista, que só pensa negativo, com uma vibração muito baixa, você poderá se sentir mal.

Você está cercado de diversas vibrações de energia do mundo exterior. Mas, ao perceber isso, cabe a você decidir como deseja permanecer, ou seja, como deseja se sentir. Daí a importância de você sentir e usar a sua intuição para perceber a energia de pes-

Cada um emite
uma vibração
da sua identidade
pelo universo.

soas e lugares, para escolher em que vibração você deseja estar.

Por isso que, quando você medita com frequência, você consegue estar mais no "agora", no presente e ter uma maior percepção de como você está se sentindo, para detectar a sua vibração. Então você percebe qual é a qualidade dos pensamentos que te deixaram nessa frequência, seja ela positiva ou negativa.

Vamos fazer um exercício bem simples para você começar a compreender isso de uma forma mais fácil:

Feche seus olhos, faça algumas respirações longas e profundas e se lembre de um dos piores dias da sua vida, aquele dia que realmente foi terrível para você.

Depois de alguns instantes, perceba como ficaram as suas emoções. Como está a sua vibração? Você provavelmente contraiu o rosto, sentiu raiva, dor, medo, tristeza ou alguma outra emoção negativa.

O corpo contrai, não expande.

Mas chega disso! Vamos sair dessa vibração agora.

Faça novamente algumas respirações longas e profundas, feche os olhos e se lembre do melhor dia da sua vida, aquele dia em que você sentiu um bem-estar enorme, uma alegria incrível. Perceba como o seu corpo muda. Você provavelmente sorriu, seu corpo relaxou, expandiu, e você mudou sua vibração na hora, de uma vibração negativa, mais baixa, para uma vibração mais alta, positiva.

Agora, quero que você fique com essa vibração enquanto continua essa leitura comigo.

Você já aprendeu a sair de uma vibração negativa e ir para uma vibração positiva.

Lembre-se sempre que, para detectar sua vibração, você precisa perceber qual é a qualidade da sua emoção.

Porque, ajustando as frequências, conseguimos mudar a nossa realidade e criar o que estamos vibrando.

Quando você está consciente das suas vibrações, você acaba tendo uma **capacidade de intuir aumentada**, toma boas decisões, consegue materializar seus sonhos facilmente, diminui a sensação de separação e isolamento, compreendendo que tudo na vida é ligado e interdependente.

Tudo na vida é ligado e *interdependente.*

capítulo 4

ONDAS CEREBRAIS

APRENDENDO SOBRE OS ESTADOS MAIS PROFUNDOS DA CONSCIÊNCIA

A eletricidade do cérebro é medida em ondas cerebrais. Essas ondas são divididas em quatro categorias, que vão de mais lentas a mais rápidas.

E são elas:

Beta: 14–30 Hz ciclos por segundo.

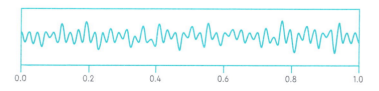

Aqui, as ondas são mais rápidas e estão associadas

ao estado de alerta da vigília; ou seja, você está desperto e com atividade mental.

Alpha: 8–13 Hz ciclos por segundo.

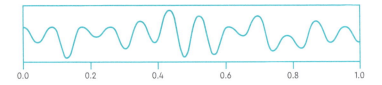

As ondas Alfa são mais lentas do que a Beta, e aparecem quando estamos relaxados, mas não sonolentos. Ou seja, é quando você está fazendo uma meditação leve, está em contato com natureza ou em um estado alerta sem esforço.

Teta: 4–8 Hz ciclos por segundo.

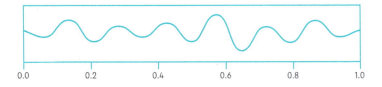

São ondas muito mais lentas que a Alfa. Ou seja, quando estamos em estado de sonolência, profunda meditação, hipnose ou um transe no qual perdemos a noção do tempo e estamos muito relaxados.

Ondas cerebrais

Delta: ½-4 Hz ciclos por segundo.

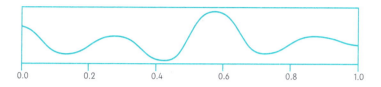

São ondas muito lentas, encontradas no sono profundo.

Durante a noite, passamos por várias fases de sono. Quando estamos em ondas Teta, nós nos deparamos com a nossa essência, nosso verdadeiro eu; encontramos compreensão sobre a verdadeira natureza do eu. Nesse estado, é possível acessar nossas crenças limitantes com mais facilidade, entrando em contato com o nosso subconsciente através de meditação ou hipnose.

Por isso a importância de meditar e entrar nessas ondas cerebrais mais lentas: para ter vários *insights*, se conhecer profundamente, acessar seus paradigmas e até mudar as suas crenças.

Quando você acessa as ondas mais baixas como Delta e Theta para visualizar seu grande sonho, como se ele já existisse na sua mente, é como se você desse um novo comando para o cérebro de uma nova realidade que já existe na sua mente. Com o tempo, o seu corpo passa a acreditar que isso já existe e cria uma nova crença positiva. Então, você começa a se comportar como se essa realidade já existisse, e aí as coisas começam a acontecer.

Com o tempo, o seu corpo passa a acreditar que isso já existe

e cria uma nova crença positiva.

capítulo 5

CHAKRAS

Chakras são centros energéticos distribuídos pelo corpo. A palavra chakra em sânscrito significa "roda" ou "círculo". Portanto, chakras são círculos energéticos de força que giram e vibram localizados no nosso, corpo e que são capazes de influenciar energeticamente a nossa saúde e as nossas emoções.

Quando não estamos bem fisicamente ou temos muitos pensamentos negativos e emoções ruins, é bem provável que algum chakra esteja bloqueado, o que impossibilita a energia de circular pelo seu corpo. Assim surgem os desequilíbrios.

De acordo com os textos védicos sagrados do hinduísmo, existem mais de 80 mil centros de energia no nosso corpo. Porém, são apenas sete os principais.

Cada chakra vibra em uma frequência diferente, tem uma cor diferente, um som e também está relacionado a um elemento natural (terra, água, fogo, ar, éter).

Eles funcionam como veículos de energia e cada um tem uma função e significado ligado a cada área do nosso corpo.

> Quando em perfeito funcionamento, o resultado é saúde plena, trazendo energia vital e equilíbrio para você.

Por isso é importante conhecer os principais chakras e seus órgãos relacionados, pois eles captam a energia vital e distribuem para todo nosso corpo. A energia que flui através deles pode afetar vários aspectos da nossa vida, pois eles são os grandes responsáveis pela nossa saúde e pelo equilíbrio do nosso corpo físico.

O alinhamento dos chakras pode ser feito através de diversas técnicas como: Reiki, meditação guiada,

Chakras são *centros energéticos* distribuídos pelo corpo.

terapia com cristais ou orgonites e cromoterapia.

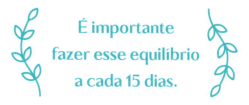

É importante fazer esse equilíbrio a cada 15 dias.

E você pode fazer sozinho ou com um terapeuta. No meu canal do YouTube (**www.youtube.com/ThaisGalassi**), você vai encontrar uma meditação para te ajudar a fazer esse equilíbrio energético.

Aponte a câmera de seu celular para o QR code ao lado e acesse o meu canal no Youtube

Nos meus atendimentos de mentoria pessoal, eu trabalho tanto o poder mental da pessoa como o alinhamento dos chakras, pois assim consigo trabalhar todos esses desequilíbrios e problemas que nosso corpo experimenta ao longo da vida. Então, vou te dar um exemplo simples para você compreender melhor: um chakra que está em desequilíbrio acaba provocando bloqueios energéticos,

Chakras

potencializando medo, insegurança, ansiedade e criando até doenças. Por outro lado, quando está alinhado e na frequência do amor, surge plenitude, paz, harmonia.

Vou te explicar um pouco melhor sobre os sete chakras principais:

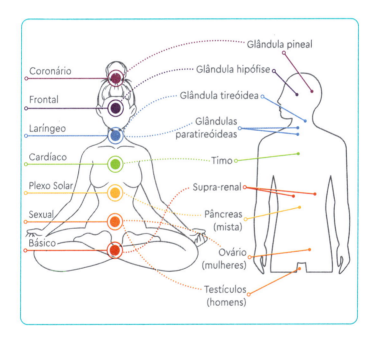

PRIMEIRO CHAKRA:
Chakra Básico · Muladhara

Está localizado na base da coluna, próximo ao períneo. Sua cor é vermelha e é representado pelo elemento terra.

Ele é o chakra responsável pela nossa sobrevivência, pelos instintos mais primitivos do ser humano, e está ligado à nossa estrutura e segurança para vivermos no plano terrestre, à nossa vontade de viver e à nossa capacidade de lidar com dinheiro.

Está relacionado à estrutura vertebral do nosso corpo, como ossos, músculos, coluna vertebral, quadril, pernas e pés, e também medula óssea, ânus e reto.

Em desequilíbrio, gera insegurança, excesso de apego ao mundo material, preocupação exagerada, dores nas costas, pernas e quadril.

SEGUNDO CHAKRA:
Chakra Sacro ou Sexual · Svadhisthana

Está localizado no baixo ventre, quatro dedos abaixo do umbigo. Sua cor é laranja e seu elemento é a água.

Ele é o chakra responsável pela criatividade e também por como lidamos com nossos sentimentos e emoções. É o chakra da sexualidade, do sistema reprodutor, da expansão e de laços com outras pessoas.

Traz o equilíbrio da energia feminina e masculina para o nosso corpo (Yin e Yang).

Está conectado com a maternidade e está ligado ao nosso aparelho urinário e órgão sexual.

Em desequilíbrio, traz problemas sexuais, ciúmes, impotência, insegurança, problemas no trato urinário e infertilidade.

TERCEIRO CHAKRA:
Chakra Plexo Solar · Manipura

Está localizado no centro do abdômen próximo ao estômago. Sua cor é amarela e seu elemento é o fogo. É responsável pelo empoderamento, realização de desejos, poder pessoal, sabedoria divina e autoconfiança; é onde mora o seu ego.

Ajuda a digerir nossas emoções e alimentos.

Em desequilíbrio, gera inferioridade, egoísmo, inveja, medo, ganância e comparação. Traz problemas como gastrite, azia, gases, úlcera e problemas digestivos.

QUARTO CHAKRA:
Chakra Cardíaco · Anahata

Está localizado no centro do peito. Sua cor é verde e seu elemento é o ar.

É responsável pelo amor incondicional, compaixão, generosidade. Está ligado à glândula do timo, responsável pelo sistema imune.

Em desequilíbrio, traz aperto no peito, instabilidade emocional, problemas respiratórios, depressão, angústia, dificuldade em perdoar, ressentimento, problemas cardíacos e câncer de mama.

QUINTO CHAKRA:
Chakra Laríngeo · Vishuddha

Está localizado na região da garganta. Sua cor é azul e seu elemento é o éter.

É responsável pela nossa comunicação, expressando nossa verdade interior, nossa essência para o mundo. Também é responsável pela nossa capacidade de ouvir com compaixão.

Em desequilíbrio, causa problemas de comunicação, dores de garganta, ouvido, medo de falar, rouquidão e gagueira; não conseguimos nos expressar e ficamos com dificuldade de nos comunicar com as outras pessoas.

SEXTO CHAKRA:
Chakra Frontal · Ajna

Está localizado em um ponto entre as sobrancelhas, no terceiro olho. Sua cor é o azul índigo ou branco.

É responsável pela nossa memória, intuição, imaginação, sabedoria e pensamentos, raciocínio, concentração, área dos olhos, mente e cabeça.

Na tradição hinduísta, esse chakra é conhecido como nosso terceiro olho, pois ele pode enxergar além do que é material.

Em desequilíbrio, causa excesso de pensamentos, pesadelos, pessoas muito racionais e problemas nos olhos.

SÉTIMO CHAKRA:
Chakra Coronário · Sahasrara

Está localizado no topo mais alto da cabeça. Sua cor é o violeta.

É responsável pela nossa conexão com o divino, nossa missão de vida, compreensão da consciência expandida. Este chakra energiza o cérebro e influencia a produção de serotonina, que regula sono, apetite, humor, entre outros. É o último chakra e está diretamente conectado com a nossa alma.

Em desequilíbrio, a pessoa fica desconectada da realidade e tem fanatismo, problemas neurológicos e falta de fé.

capítulo 6

AS LEIS DO UNIVERSO

Hoje sabemos que a mente humana é responsável por tudo que acontece na vida do ser humano; tudo que acontece na vida de cada um é resultado de suas ações e está ligado diretamente ao que está na sua mente.

Se aprendermos a usar a mente corretamente, construiremos uma vida de sucesso.

Precisamos saber trabalhar de acordo com as leis, pois aí tudo funciona, e aquilo que você deseja começa a chegar na sua vida com facilidade.

Se você compreender e começar a agir conforme as leis detalhadas mais abaixo, sua vida dará um salto quântico.

Quando uma partícula que está em um determinado nível energético ganha uma quantidade extrema de energia, ela salta para um nível mais alto. Essa afirmação da física é comprovada pelas próprias leis quânticas, que já provaram matematicamente que o elétron não pode estar entre dois níveis de energia no momento do salto.

Ou seja, de uma maneira bem simples: **o salto quântico é quando algo dá um "start" na sua mente e você passa a enxergar a vida de uma maneira bem diferente**. As coisas parecem fluir de maneira fácil, simplesmente porque você mudou sua visão de realidade, e isso mudou a sua energia, o que você está vibrando.

1. A LEI DO PENSAMENTO

O que você pensa é formado por várias atitudes, hábitos mentais que você têm em relação às coisas, pessoas, situações, eventos e sobre a vida em geral.

Então, se você tem um padrão de pensamentos positivos, pensamentos alegres e para cima, todas as suas forças serão direcionadas para isso. Mas, se for um padrão negativo, suas forças serão mal direcionadas e você com certeza não terá bons resultados.

Nossos pensamentos têm ligação quase que direta com nossas crenças, sejam elas negativas ou positivas. Ou seja, tudo aquilo em que realmente acreditamos ser bom ou ruim; nossos julgamentos sobre um todo.

Ao mesmo tempo, todo pensamento tem uma vibração que é emitida ao universo, e, se você tiver esse mesmo pensamento de forma repetitiva, você irá atrair coisas semelhantes a essa mesma vibração do seu pensamento.

> É o seu poder de pensar que vai determinar a sua qualidade de vida, pois cada pensamento que você tem te leva a uma emoção.

Se você tem constantemente pensamentos de medo, preocupações, ansiedade, você irá atrair mais disso.

O que você tem na sua mente com frequência crescerá.

Por isso a importância de identificar a qualidade dos seus pensamentos e, se necessário, trocar o seu padrão mental, substituindo-o por outro de padrão positivo.

> Essa é a lei do pensamento: nós atraímos o que pensamos, sentimos e vibramos e então criamos isso na nossa realidade.

Você não atrai aquilo que quer e sim aquilo que está vibrando.

Temos cerca de 40 mil a 60 mil pensamentos diários. Na maior parte do tempo, não escolhemos esses pensamentos; é nossa atividade mental que está trabalhando, ou seja, são pensamentos aleatórios que vêm todos os dias como lembranças do passado ou preocupações com o futuro.

A cada dia que você mantém a mesma qualidade de pensamentos, você está mantendo a mesma atividade mental, permanecendo com a mesma realidade.

Quando você muda a qualidade dos seus pensamentos, você transforma as suas emoções e redireciona a realidade da sua vida.

É aquela famosa história do copo que tem água pela metade. Muitas pessoas vão enxergar o copo como meio vazio, enquanto outras vão dizer que o copo está meio cheio.

Que pessoa você seria?

É normal ter pensamentos negativos e limitantes e está tudo bem. O mais importante é que você desperte para uma visão mais positiva do que negativa durante o seu dia.

E para tudo existe um tempo: não é porque você começou a pensar positivo hoje que as coisas já vão mudar radicalmente na sua vida; é necessário um período com essa vibração para atrair coisas e pessoas semelhantes na sua vida.

> "A mente é tudo, você se torna aquilo que você pensa"
> (BUDDHA)

> "Tudo é energia e isso é tudo que há. Sintonize a frequência que você deseja e, inevitavelmente, essa é a realidade que você terá. Não tem como ser diferente. Isso não é filosofia. É física."
> (ALBERT EINSTEIN)

> "Mude seus pensamentos e você mudará seu destino"
> (JOSEPH MURPHY)

> "Tudo que a mente humana pode conceber, ela pode conquistar"
> (NAPOLEON HILL)

> "Você não atrai aquilo que quer, mas sim aquilo que está vibrando"
> (AUTOR DESCONHECIDO)

2. A LEI DOS RECURSOS

Já estava na Bíblia a lei que Jesus deu: "Qualquer que seja o que desejares, quando orares, acredite que já recebeste e você as terá".

Através dos nossos pensamentos, fazemos isso no nosso dia a dia, consciente ou inconscientemente.

Mas será que acreditamos mesmo nessa força maior de que Deus é a fonte de tudo!?

Muitos não acreditam no que não podem ver.

Ter fé é acreditar que existe algo muito maior que não pode ser tocado ou visto.

> Em vez de duvidar,
> se preocupar ou temer por aquilo que ainda não temos,
> devemos relaxar e ser expansivos, acreditando no desejo que já pedimos.

Toda escassez vem da consciência da pobreza, seja ela uma crença limitante sua ou uma crença do inconsciente coletivo.

Nossa mente é como um ímã que atrai para si o seu igual, parecido ou semelhante. Como já disse, todo pensamento tem uma vibração e você irá atrair aquilo que pensar com mais frequência.

Existem várias histórias de pessoas que receberam laudos de alguma doença incurável e que por um "milagre" se curaram.

O efeito placebo é um bom exemplo disso. Quando os laboratórios farmacêuticos criam uma nova medicação, eles fazem estudos duplo cego, nos quais um grupo de pessoas toma o novo medicamento e um grupo de pessoas toma pílulas inativas, ou seja, pílulas de açúcar (sem ação efetiva). Em ambos os grupos, ninguém sabe qual medicação está tomando, e os resultados sempre surpreendem, porque de 20 a 30% das pessoas que estão no grupo que toma placebo sente melhora. Mas como explicar isso, se essas pessoas estão ingerindo açúcar? Seria a crença de que se está tomando uma medicação efetiva?

É a crença que cria essa realidade?

Tem que confiar e crer que terá.

3. A LEI DA ATRAÇÃO

Você tem que desejar e ter expectativa positiva de que seu sonho vai se realizar.

Você tem que ter um desejo muito ardente pelo que você quer, como se isso já existisse na sua vida.

> O desejo com a emoção conecta você com seu universo e te faz acreditar que isso vai chegar na sua vida.

Desejar sem expectativa é apenas sonhar.

Tenha a imagem clara e definida do que você deseja. Não se preocupe de como obterá isso, apenas deseje firmemente evitando tensão ou ansiedade. Quanto mais relaxado estiver, melhor.

E, por favor, não deseje alguma coisa que pertence a outra pessoa. Deseje o que irá agregar na sua vida e para um bem maior de todos os envolvidos.

Imagine como se já tivesse o que você deseja muito, sem dúvidas nem medo; se concentre no seu

Desejar sem expectativa é *apenas sonhar.*

desejo realizado, imagine como será sua vida com isso acontecendo.

Você prepara a sua mente e seu corpo para receber o que está pedindo.

É ter gratidão por algo que ainda não tem.

Como seria sua vida hoje se já tivesse isso que você tanto sonha?

O que realmente faz a lei da atração funcionar é a emoção.

Tem que sentir uma emoção muito forte e verdadeira.

E tem uma informação muito importante: mesmo sem você criar a expectativa do 'como' isso vai chegar para você. Continue estudando, trabalhando e vivendo a sua vida seguindo as leis do universo.

4. A LEI DO RECEBER

Acreditamos que precisamos primeiro receber para depois dar, mas a realidade é completamente diferente. Nós primeiro devemos dar para depois receber.

Dar é uma regra fundamental da lei da vida e de toda criação.

Isso inclui pensamentos, palavras e ações.

E devemos dar sem esperar o retorno.

Estamos sempre recebendo da vida aquilo que damos, aquilo que temos dentro de nós.

> **Hoje, você recebe do universo aquilo que você faz, pensa e sente com frequência. Seja consciente ou inconscientemente, isso está acontecendo.**

Então, se você não está satisfeito com sua vida hoje, pergunte-se o que você anda dando para o outro.

O que você faz pelas pessoas?

Você trata as pessoas como gostaria de ser tratado?

Comece a dar amor e receba amor; comece a ser prosperidade na vida dos outros e receba prosperidade; comece a perdoar e a não julgar o outro e isso acontecerá na sua vida.

Muitas pessoas têm dificuldade em doar, seja amor, seja atenção, seja sorriso, enfim. Eu sempre falo que tudo que você deseja ter do mundo, faça antes. Ou seja: quer mais amor? Seja amor na vida das pessoas. Quer mais dinheiro? Seja próspero na vida de alguém. Quer mais atenção? Dê atenção para as pessoas.

É primeiro fazer e não se preocupar com a "recompensa". Faça de coração, sem pensar nisso, e eu te garanto: quando menos você esperar, as coisas começam a acontecer na sua vida.

Fazer o bem sem olhar a quem.

5. A LEI DA APRECIAÇÃO (GRATIDÃO)

Seja grato, louve sua vida. Sinta gratidão até pelos seus desafios.

Sei que parece desafiante ser grato pelos problemas, mas a pergunta ideal seria: o que eu posso aprender com isso? Em vez de reclamar e querer se afastar dos desafios, seja grato e busque uma solução.

Ore pelas coisas, pois, por tudo aquilo que orar, terás.

As leis do universo

Crie o hábito de orar, louve e seja grato, pois a abundância é para todos.

A gratidão tem uma vibração muito positiva.

Seja grato todos os dias por tudo que você é, por tudo que pode ser e por tudo que você foi.

Por pior que tenha sido o seu passado, aceite, reconheça e seja grato. Ele não pode mais ter o poder de te controlar hoje.

Seja grato por todas as pessoas que te magoaram ou te magoam, ore por elas, mande bênção a elas. Isso te dará um alívio incrível e trará muita prosperidade e abundância.

Como você quer receber bênçãos na vida se não perdoa os outros? Tenha compaixão pelas pessoas.

Perceba a vida de uma pessoa grata. Ela dificilmente está se lamentando; muito pelo contrário. É uma pessoa leve que, em vez de olhar as coisas ruins que acontecem na vida dela, foca sua atenção e concentração no que está dando certo.

Ore por tudo e por todos.

Acredite: o que é seu chegará no tempo certo.

Acredite: o que é seu chegará no *tempo certo.*

6. LEI DA COMPENSAÇÃO

Acredite, aquilo que merecemos vira até nós, cedo ou tarde.

A chave do sucesso para sua vida é ajustar seus pensamentos. Você não precisa permanecer no mesmo padrão de pensamentos. Se você quer abundância e prosperidade, mas não pensa assim, nunca terá.

Pare de ter pensamentos limitantes e negativos, pensamentos egoístas, maldosos e aprenda a pensar positivo. Treine sua mente para ver o lado bom das situações, para ver o que há de melhor em você.

Seja leve com você, seja leve com os outros, seja leve com a vida.

Sinta-se preparado e merecedor de receber bênçãos. De que adianta pensar positivo e reclamar todos os dias da sua vida? É preciso mudar a qualidade dos seus pensamentos, das suas ações e atitudes com você mesmo e com os outros.

Seja lá o que você possui hoje, isso é fruto do seu pensamento.

É a sua recompensa. Está feliz?

Então, que tipo de recompensa deseja ter?

Se você quer que as coisas mudem, seja grato pelo que tem, deseje o melhor e quebre o hábito de ser você mesmo, de ter sempre os mesmos pensamentos e se transforme na pessoa que você deseja ser.

O que você pensa e o que você dá para os outros e para o mundo é o que você terá de retorno.

Isso te assusta ou te conforta?

7. A LEI DA NÃO-RESISTÊNCIA

Aceitar as coisas como são é o primeiro passo para alcançar a paz.

Procure não julgar as coisas, pessoas e situações. Elas apenas são.

Quando você se deparar com uma situação que não te agrada, deixe ir; não julgue que isso é algo negativo ou ruim que apareceu na sua vida E quando alguém gritar com você, não grite de volta, apenas deixe ir.

Se uma pessoa vem discutir com você e ela está com raiva ou ódio, o melhor a fazer é ignorar, pois está claro que ela está cheia de emoções ruins dentro dela. Se você está bem, mas resolve naquele momento discutir com ela, essa pessoa está te controlando emocionalmente.

> **Quando você reage ao outro, ele te controla. Se você sempre agir na emoção, poderá fazer ou dizer coisas que depois irá se arrepender.**

O melhor é sempre respirar e pensar antes de agir ou falar.

Para o fim do sofrimento, aceite as coisas como são e procure ver o lado positivo das situações; por pior que seja, sempre tem um aprendizado, uma lição ali.

Julgamos muito tudo e todos o tempo inteiro, inclusive a nós mesmos, nos comparando com as outras pessoas.

Se quiser colocar um fim no seu sofrimento, pare de julgar.

Imagine que sem-graça o mundo seria se todos fossemos iguais. Por isso, respeite o outro, respeite o que está acontecendo na sua vida, pare de julgamento e tire a lição disso tudo.

A pergunta seria: o que eu tenho que aprender com isso? Como posso passar por isso da melhor maneira possível? Não aceitar as pessoas e situações é criar resistência na vida. Isso te mantém em vibrações negativas e te faz atrair ainda mais disso.

Quando você entra na lei da não-resistência, **você vive em paz e harmonia com a vida**.

Seja leve com você, seja leve com os outros, seja leve com a vida.

capítulo 7

VIBRAÇÃO

A palavra vibração é usada para descrever o sentimento ou emoção de alguém.

Nesse mundo vibracional, temos vibrações positivas e negativas.

Cada pensamento leva a uma emoção, determinando a sua vibração.

Então, se você tem um padrão de pensamentos com muitas lembranças ruins do passado, ou pensamentos de que você não é capaz e de que as coisas no futuro não vão dar certo, é exatamente nessa vibração que você ficará, uma vibração negativa.

Veja alguns exemplos:

VIBRAÇÕES POSITIVAS	VIBRAÇÕES NEGATIVAS
Você está na alegria, segurança, conforto, amor, abundância, orgulho, aceitação e gratidão.	Estão medo, falta, solidão, culpa, vergonha, dúvida, tristeza, raiva, mágoa, ansiedade e estresse.

Por isso é importante identificar qual emoção você está sentindo e trabalhar os pensamentos conscientemente; tentar ter pensamentos positivos a todo instante – ou pelo menos evitar ter tantos pensamentos negativos.

A lei da atração vai te trazer mais situações e pessoas que estão na mesma vibração que a sua.

Conheço muitas pessoas que reclamam que não têm sorte na vida e que nada do que elas fazem dá certo, que já desistiram.

Dá para entender bem o porquê a vida delas está nessa situação.

> Se as pessoas estão vibrando a todo tempo no negativo, com certeza irão atrair mais negatividade, e isso não tem nada a ver com sorte.

Vibração

Essa parte é muito importante você ler e reler diversas vezes, pois temos o hábito de reclamar muito da nossa vida, mas não queremos sair da nossa zona de conforto e fazer algo novo e diferente para mudar. **Por isso, comece mudando seu padrão mental.** Quando você faz isso, você começa a mudar seu olhar para o mundo e sai da situação de vítima de tudo e todos, e retoma o controle da sua vida, transformando sua vibração em positiva. Assim, situações, pessoas e acontecimentos com essa nova vibração começam a chegar na sua vida.

capítulo 8

SAIBA PEDIR AO UNIVERSO

O que acontece se eu falar para você assim: "Não pense em um elefante vermelho"? Tenho certeza de que você acabou de pensar em um.

A sua mente praticamente não "ouve" a palavra não.

O cérebro associa o que ouvimos e pensamos através de imagens e, como ele não visualiza a palavra **NÃO**, tudo que você **NÃO** deseja que aconteça, se estiver pensando com frequência, estará atraindo igual ou semelhante.

Por isso, pare de pedir pelo que **NÃO** deseja.

Eu me deparo com muitas pessoas que sabem exatamente o que elas **NÃO** desejam que aconteça na vida delas. Mas, quando vamos focar no que elas querem realmente que seja a vida delas, isso se torna um grande desafio.

Por isso, veja alguns exemplos simples de para você compreender:

TROQUE	POR
Não quero ficar doente	Desejo/tenho muita saúde
Não se esqueça de	Lembre-se de
Não tenha pressa	Vá com calma
Não se preocupe	Fique tranquilo
Não bata a porta	Feche a porta devagar
Não quero ser pobre	Sou uma pessoa próspera e abundante
Não quero ficar solteira	Atraio pessoas incríveis na minha vida amorosa

A lei da atração não compreende a palavra **NÃO**!

Então, pense e fale somente o que você deseja, sem falar ou pensar a palavra **NÃO**.

Pare de pedir pelo que *não deseja.*

capítulo 9

TROCANDO AS VIBRAÇÕES NEGATIVAS PARA POSITIVAS

Você pode reprogramar a sua vibração mudando seu estado emocional, mudando os seus pensamentos. Ou seja, mudando as suas emoções, você muda sua vibração.

Um exercício simples é se perguntar: o que você deseja que aconteça na sua vida?

O que realmente você quer (sem usar a palavra não)?

Qual seu sonho, seu grande objetivo na vida, seu maior desejo?

Muitas pessoas têm dificuldade aqui. Eu sempre sugiro que a pessoa se lembre de algo que ela faz que, enquanto ela está fazendo, não vê a hora passar; aquilo que ela faz que os outros elogiam e que dá muito prazer em fazer

Quando pensamos no que desejamos e sonhamos, elevamos nossa frequência, deixando-a positiva.

> **Dedique tempo do seu dia trazendo boas emoções dos seus desejos como se eles já tivessem se realizado.**

Ou seja, quando pensar no seu desejo, sempre pense como se já estivesse acontecendo e nunca com falta ou tristeza por ainda não ter.

É muito importante ter muita clareza do que você deseja. Por exemplo: se você deseja encontrar um amor para sua vida, não basta só desejar uma pessoa e acabou.

Visualize essa pessoa; como você deseja que ela seja fisicamente e psicologicamente em detalhes, tipo: atencioso, amoroso, cuidadoso, presente, fiel, inteligente, trabalhador, esportista. Enfim, os detalhes são muito importantes, pois, sem esses detalhes, o universo te manda qualquer pessoa.

Já se veja passeando de mãos dadas com essa pessoa, imagine vocês indo jantar juntos. Mesmo que você não consiga visualizar o rosto dessa pessoa, visualize o corpo, as mãos, os pés, a roupa. Veja sempre você junto do seu desejo, como se já estivesse acontecendo.

Se você deseja ter mais dinheiro, seja específico, imagine-se recebendo a quantia exata; visualize o tempo que isso vai chegar na sua vida. Os detalhes são importantes!

E tenha paciência! Se você tem um padrão de pensamentos mais negativo do que positivo há anos, é normal que isso vá se transformando aos poucos.

E é absolutamente normal no nosso dia a dia ter pensamentos negativos, mas quero te ensinar a ter mais pensamentos positivos do que negativos ao longo do seu dia, para que você esteja em uma vibração positiva.

capítulo 10

IDENTIFIQUE SE VOCÊ TEM ALGUMA CRENÇA LIMITANTE

Crenças são nossos conjuntos de hábitos, ou seja, aquilo que acreditamos ser verdade para nós.

Existe um exercício bem interessante para te ajudar a manifestar, quando pensar e desejar algum sonho.

Pegue uma folha em branco, faça duas colunas e comece a escrever na primeira coluna tudo o que você deseja que aconteça na sua vida, seus sonhos. Na outra coluna, coloque em cada desejo que você tem, qual a crença que aparece na sua mente ou o que você sente no seu corpo.

Por exemplo:

Quero um novo amor disposto a se casar comigo e viver em uma casa na praia.

Perceba se não vêm pensamentos do tipo:

> "Ah, mas estou velho demais para me casar novamente", ou "Ah, estou velho para viver em uma casa na praia".
>
> "Nunca vai aparecer alguém para mim" – meu corpo se contraiu, me sinto inseguro.
>
> "Não sei se estou preparado para me abrir para alguém, sofri demais na última relação".
>
> "Não confio nos homens ou nas mulheres de hoje em dia"

Essas crenças impedem você de cocriar o que você deseja por causa da vibração negativa que elas têm.

Você pode visualizar seu sonho conscientemente, mas seu inconsciente vibra outra coisa.

Por isso a importância de escrever todos os seus sonhos, de fazer isso com calma, pensando no que realmente você deseja.

Faça esse exercício:

Escreva ao quê você está se apegando, como e por quê. É alguma memória? Tem dores? Sente raiva? É uma vingança?

Identifique se você tem alguma crença limitante

Escreva o que está evitando que aconteça e por quê.

Escreva se você está tentando controlar as pessoas, situações, ou seja, controlar o mundo e por que faz isso.

Escreva se está se apegando a uma antiga promessa, compromisso ou regra que hoje já não tem tanta importância e por quê.

E, principalmente, perceba se não tem alguma repetição de padrão da família. Por exemplo: se você vem de uma família muito simples, perceba se, inconscientemente, você acredita que, se ficar muito rico, eles vão te achar esnobe, metido, pois você cresceu ouvindo que o dinheiro é sujo e que pessoas ricas são pessoas que fazem algo errado e não vão para o céu, e que isso vai te trazer sofrimento.

Principalmente: sinta as suas respostas sem julgar.

Veja se detectou alguma crença que te limita, e, se você descobrir isso, ótimo! Você tem uma grande oportunidade de criar uma nova crença poderosa que vai te ajudar a mudar esse cenário.

E não se preocupe: todos temos crenças limitantes, isso é normal, assim como todos nós temos crenças positivas.

COCRIANDO SONHOS

O QUE DESEJO	O QUE SINTO

Sinta as suas respostas
sem julgar.

capítulo 11

MENTE CONSCIENTE E MENTE SUBCONSCIENTE

Todos nós temos a mente consciente e a mente subconsciente.

A mente consciente é a mente associada ao hemisfério esquerdo, que recebe informações de audição, tato, paladar, olfato; é onde se elabora e se decide coisas racionais. A mente que pensa, que decide que roupa vai usar e o que vai comer hoje. É a sede da vontade.

Toda vez que você não usa a mente consciente, é sua mente subconsciente que está no comando. Sabe quando você percebe que vem uma emoção, pensamento e até mesmo um impulso? É dever da mente consciente estar atento e aceitar se aquilo vai ser bom ou ruim para manter esse padrão de pensamento. Se você não perceber isso, significa que quem está no comando é sua atividade mental, ou seja, seus hábitos de pensamentos. Como queremos mudar seu padrão de pensamentos, é importante compreender isso.

Já a mente subconsciente está associada ao hemisfério direito, que controla as funções vitais do corpo, como o funcionamento dos órgãos. Você não precisa pensar e comandar nada para que seus órgãos funcionem.

Essa é a mente que sente, conhecida também como mente não racional, pois ela armazena informações sem questioná-las.

Além disso, ela carrega registros de impressões captadas desde o dia do nascimento até o momento presente. Ela armazena memórias de todas nossas experiências passadas.

> É a partir dessa memória e experiências que as nossas crenças, ou seja, nosso conjunto de hábitos, são criados.

Mente consciente e mente subconsciente

E nossa mente subconsciente se comunica constantemente com a mente consciente através dos nossos sentimentos, imaginação, emoções, sensações e sonhos.

E ela funciona 24 horas por dia.

Por exemplo: se você, quando era criança, se assustou com um inseto quando viu e teve uma experiência ruim com essa situação, provavelmente hoje você ainda tem medo ou sente algo ruim quando vê esse inseto. Porque isso ficou registrado na sua mente subconsciente.

O mesmo acontece quando você tem experiências ruins com o dinheiro ou com relacionamentos amorosos. Isso fica registrado e, inconscientemente, você acredita nessa crença como verdade absoluta quando, na verdade, foi a sua interpretação interna que ficou registrada no seu subconsciente com essa experiência.

E você vai aprender que, quando conseguimos mudar as crenças que estão no nosso subconsciente, **mudamos nossa visão sobre o mundo, atraindo novas situações para nossa vida**.

Os seus pensamentos criam imagens mentais.

Então, imagine que sua mente subconsciente é como se, na sua casa, você recebesse todas as pessoas, sem questionar quem entra e quem sai. Mas quando você está atento à qualidade dos seus pensamentos, ou seja, quando você está na porta da sua casa, você decide quem entra e quem não entra.

Estar na porta significa estar no agora, ciente dos seus pensamentos, não deixando sua atividade mental estar no controle, mas sim você, escolhendo onde quer focar os seus pensamentos, a sua atenção. Lembre-se que o foco vai para onde está a sua atenção.

O foco vai para onde está
a sua atenção.

capítulo 12

O QUE VOCÊ DESEJA?

Para usar a lei da atração consciente, você primeiro precisa saber o que quer que aconteça na sua vida. Qual seu grande sonho?

Parece muito fácil, mas a maioria das pessoas não sabe exatamente o que deseja.

Então, vou te ensinar a pedir ao universo; vou te ensinar a desejar com mais clareza, pois a maioria das pessoas sabe muito bem o que elas **NÃO** desejam que aconteça na vida delas. Mas você vai perceber que isso também é bom.

Agora, eu vou te ensinar a usar isso, ou seja, o que você **NÃO** deseja que aconteça na sua vida, como uma ferramenta para identificar o seu real desejo.

Pense por um instante: se você **NÃO** deseja ficar doente, mas foca sua atenção nisso, você está atraindo a doença para você. Lembra que eu te falei que atraímos o que vibramos!?

O não querer ficar doente é uma vibração de medo.

E você também se lembra que falei sobre o **NÃO** na nossa mente? Nossa mente não filtra muito bem a palavra **NÃO**. Então, se eu falar "não pense em uma bola vermelha", você vai pensar.

Quero que você entenda que, nesse ponto, quando você detecta o que não deseja, você vai trocar exatamente pelo que você deseja, como no exemplo abaixo:

Situação atual: Bela, de 38 anos, está solteira e cansada de só encontrar e atrair homens que são casados ou comprometidos. Ela normalmente atrai homens carentes e mimados que nunca levam o relacionamento com ela a sério.

Quando eu perguntei o que ela gostaria em um homem, ela não sabia responder ao certo, mas sabia na ponta da língua o que não queria mais em um homem.

Eu disse ok, vamos fazer uma lista do que você não quer e, do lado, vamos fazer uma lista com os desejos do que você gostaria que o seu homem tivesse.

O que você deseja?

> **Coisas que eu não quero atrair em um homem:**
> - Homem comprometido
> - Homem grosseiro
> - Homem insensível
> - Homem que não gosta de animais
> - Homem que tem ciúmes
> - Homem que não liga para minhas opiniões
> - Homem que não gosta de trabalhar
> - Homem preguiçoso
> - Homem que é controlador

Eu pensei: ufa, você realmente sabe o que não deseja em um homem! Ok, mas e se eu te contasse que a lei da atração só está te enviando mais disso!? Porque você está com sua atenção focada no que **NÃO** deseja em um homem. Vamos mudar seu foco e colocar uma lista de coisas que você gostaria que um homem tivesse.

> **Coisas que eu gosto em um homem e quero atrair:**
> - Homem solteiro/disponível
> - Homem sensível e agradável

- Homem que ame animais
- Homem flexível e equilibrado
- Homem que sempre pede minhas opiniões antes de tomar atitudes
- Homem trabalhador e honesto
- Homem que me ame e me respeite como eu sou

Quero que você faça isso também, e aqui é muito importante colocar o maior número de informações sobre o que você deseja que chegue na sua vida. Então, esse foi apenas o começo da lista de desejos do que ela gostaria no próximo homem que vai atrair para a vida dela. Em casa, ela poderia pensar em outras qualidades que esse homem poderia ter.

Esse passo é muito importante, pois você precisa ter muita clareza dos seus pedidos. Suas palavras geram uma vibração que pode ser focada no positivo ou no negativo. Quando você foca no que você **NÃO** quer que aconteça na sua vida, você está dando atenção àquilo, ou seja, atraindo mais daquilo que você rejeita.

Quando você passa do que você não quer para o que você quer, tudo se modifica.

O que você deseja?

O importante é identificar o seu desejo e colocar em detalhes num papel, focando em tudo que você deseja na sua vida.

Se ainda assim tiver dificuldade em visualizar seus desejos, você pode pegar na internet fotos de lugares, coisas, construções, casas, enfim, imagens com características iguais ou parecidas com o que você deseja, e pode colocar na sua folha de mentalização diária. Isso é muito importante, pois muitas pessoas têm dificuldade de visualizar mentalmente os sonhos. Então, isso ajuda a focar melhor no seu desejo ardente.

Depois de fazer esse exercício, a Bela está pronta para fazer a carta de cocriação dela:

Carta de cocriação de Bela:

Eu, Bela, me sinto tão feliz, grata e completamente realizada nesse momento que estou com o meu grande amor presente na minha vida, e ele é disponível, honesto, carinhoso, flexível, gosta de animais, é trabalhador, tem uma vida financeira incrível, me deixa segura, me respeita como eu sou, gosta de viajar, me leva a restaurantes incríveis, me elogia muito, gosta de estar comigo a todo instante, tem um corpo atlético, é muito saudável... (aqui você coloca tudo aquilo que deseja em um homem).

Vou te dar mais um exemplo: Thales, de 41 anos, reclama que o dinheiro que ganha não dá nem para pagar todas as contas. Ele é representante comercial, trabalha com vendas e está com dificuldades de conseguir novos clientes e de fazer novas vendas.

Ele fala que sempre foi desafiador ter dinheiro na vida dele. Ele sempre está apertado e vivendo no limite; está estressado, não dorme direito e está acima do peso.

Thales então decidiu usar a lei da atração consciente para mudar esse cenário.

Começou fazendo o exercício para descobrir o que ele mais desejava na vida dele e começou com o que ele não queria mais.

Coisas que eu não quero atrair financeiramente na minha vida:
- O dinheiro que eu ganho não dá para viver
- Vivo com contas atrasadas

O que você deseja?

- Não compro o que gostaria
- Nunca tenho dinheiro suficiente
- Preocupação com dinheiro me tira o sono
- Estou comendo mais do que deveria por preocupação
- Na minha família, nunca foi fácil ganhar dinheiro
- Eu não sei ganhar dinheiro

Coisas que eu gosto financeiramente e quero atrair:
- Ganhar dinheiro em abundância
- Sempre pagar minhas contas adiantadas e ainda me sobrar muito dinheiro
- Sempre ter dinheiro para comprar o que quiser
- Meu sono é tranquilo e restaurador, pois sou uma pessoa próspera e abundante
- Minha alimentação é incrível e a cada dia estou mais saudável
- O dinheiro chega até mim com facilidade
- Eu ganho dinheiro de várias fontes de renda
- Eu tenho uma autoimagem milionária
- Eu sei ganhar muita riqueza financeira
- Eu ganho o valor de .... por ano

Você pode fazer esse exercício, se sentir dificuldade em saber o que realmente deseja na sua vida.

Sugiro que coloque de 80 a 120 itens que você gostaria nesse seu desejo. Por isso, faça sua lista com calma e tranquilidade, pois essa primeira parte do processo é muito importante. É o que eu sempre digo: quem não sabe pedir, recebe qualquer coisa.

Carta de cocriação do Thales:

Eu, Thales, me sinto tão grato, feliz e completamente realizado agora por estar na posse de $$$$, por ter uma vida financeira incrível. Sou próspero e abundante; estou ganhando a quantia de $$$ por mês; a prosperidade financeira flui na minha vida de maneira fácil. Ganho dinheiro de várias fontes de renda e sou um ímã de dinheiro. Todo mês, sobra dinheiro na minha conta. Eu recebo propostas de trabalho incríveis; eu me sinto cada vez mais merecedor de ser milionário; eu amo o dinheiro e posso comprar tudo que desejo. Sou feliz na posse de tanto dinheiro; eu me sinto livre e leve, cada dia com mais prosperidade na minha vida... (colocar mais detalhes do seu desejo).

O que você deseja?

Agora é a sua vez:

COISAS QUE NÃO QUERO	X	COISAS QUE QUERO

COCRIANDO SONHOS

COISAS QUE NÃO QUERO	X	COISAS QUE QUERO

Quem não sabe pedir, recebe *qualquer coisa.*

COCRIANDO SONHOS

Depois de fazer sua lista, escreva sua carta de cocriação:

Eu, ...,
me sinto tão feliz, grato e completamente realizado nesse momento por ....
....
....
....
....
....
....
....
....
....
....
....
....
....
....
....

O que você deseja?

capítulo 13

VISUALIZAÇÕES

Um dos principais motivos das pessoas não conseguirem usar a lei da atração a seu favor é dificuldade de visualização.

E não se sinta sozinho: isso é mais normal do que você imagina.

Segundo Napoleon Hill, você deve despertar um desejo ardente e instalá-lo na sua mente de tal forma que você não vai aceitar mais nada em sua mente além do seu desejo.

Mas, para isso, a visualização é muito importante pois, se você não sabe o que deseja ao certo, o universo te envia qualquer coisa.

Então, depois de escrever os seus sonhos e desejos com muitos detalhes e informações em um papel, você vai buscar figuras semelhantes a esse seu grande sonho na internet.

Por exemplo: se você deseja uma linda casa, pegue algumas fotos de lugares onde você quer morar, o estilo de casa que deseja, em qual bairro, cidade, país, quais pessoas irão morar com você. Enfim, todos os detalhes são muito importantes. Busque imagens que sejam muito semelhantes ao que você deseja que aconteça na sua vida. Então, você pode colar essas imagens em uma cartolina e colocar em algum lugar que você visualize bastante. Pode ser no quarto, na sala e até mesmo em uma foto no seu celular. O importante é você visualizar essas imagens o máximo possível até que fique registrado na sua mente.

> Assim, quando você fizer as afirmações diárias e as mentalizações de visualização, essas imagens escolhidas por você irão aparecer na sua mente com facilidade.

Você pode fazer isso com qualquer desejo que tenha. Pode ser o amor da sua vida, o carro dos seus

Visualizações

sonhos, o valor de dinheiro que deseja e até o tempo para que isso esteja na sua vida.

Veja essas imagens como se aquilo já fosse real; sinta um desejo ardente por essas imagens. **E lembre-se:** atraímos igual ou semelhante a tudo aquilo que concentramos nosso foco, energia e atenção. Por isso, veja essas imagens e sinta-se merecedor de tudo isso.

capítulo 14

ACREDITE, TENHA FÉ - AFIRMAÇÕES

Então, agora que você já fez a sua lista de desejos, você precisa dar atenção a eles, intensificar a vibração dos seus desejos.

A lei da atração te dá mais daquilo que você coloca seu tempo, concentração, foco e energia.

Então, não adianta fazer a sua lista e não focar sua atenção nela, pois ela não terá forças para se manifestar.

Você pode pegar a lista de desejos que você fez e ler em voz alta em frente ao espelho **todos os dias**, mentalizando-os como se já estivessem acontecendo na sua vida. Nunca fale ou pense neles como se estivessem no futuro, sempre como se já estivessem acontecendo. É muito importante você estar dentro dessa mentalização. Eu faço isso uma vez por dia, todas as manhãs ao acordar, com muita emoção positiva.

Por exemplo: Fale em voz alta, imaginando com muitas cores, som, temperatura, movimento: "Me sinto tão feliz, grato e realizado nesse momento por estar na posse de [*fale o seu desejo com muitos detalhes, já imaginando que está acontecendo*]".

Você precisa dedicar tempo e atenção todos os dias, mas sem ansiedade, somente com emoções positivas. Muitas pessoas começam a fazer o processo e, logo depois de alguns dias, elas param ou simplesmente ficam ansiosas e preocupadas porque o desejo ainda não chegou. Lembre-se que esse capítulo se chama acredite, tenha fé.

É preciso imaginar com muita fé e acreditar que você já possui o seu desejo na sua vida sem emitir a vibração de medo, dúvidas, ansiedade e preocupação.

A lei da atração corresponde à sua vibração, ou seja, aos seus sentimentos sobre o que você está afirmando.

Acredite, tenha fé/afirmações

Por isso, ao afirmar seu desejo todos os dias, veja, sinta se não tem alguma coisa que você não acredita realmente que vai ter. Porque é normal. Às vezes estamos fazendo nossas mentalizações e, no fundo, ainda sentimos que isso está muito distante ou não parece tão real ainda para nós.

A chave para o sucesso é que as afirmações precisam ser verdadeiras para você manifestar.

Tudo isso porque, ao fazer as afirmações diárias, você vai emitir uma vibração ao universo, que vai responder te dando mais disso. Então, é importante identificar as suas emoções quando faz as afirmações.

E faça as afirmações acreditando verdadeiramente na frase: "Me sinto tão feliz, grato e completamente realizado nesse momento que estou na posse de …".

Pois você não atrai aquilo que quer e **sim aquilo que você está vibrando**. Por isso, as afirmações ganham força quando têm a emoção do amor, da gratidão e do desejo ardente de que isso já esteja na sua vida hoje.

capítulo 15

PERMITA-SE RECEBER

Essa é uma das partes mais desafiadoras para a maioria das pessoas, pois várias delas geram muita expectativa e ansiedade e principalmente dúvidas sobre esse desejo. E, para que esse desejo chegue o quanto antes, você tem que se permitir receber.

Permitir receber é a ausência de vibrações negativas.

É simplesmente deixar as coisas acontecerem naturalmente.

Se você já identificou o que você deseja, escreveu com todos os detalhes, visualiza esse desejo como se fosse real e acredita que isso vai chegar e que você é merecedor, basta apenas excluir as vibrações negativas, ou seja, as emoções do medo, dúvida, ansiedade.

Se desejar com dúvida, seu desejo não vai se manifestar.

Por isso, é importante identificar de onde vêm essas emoções.

Essa dúvida vem de outras expectativas frustradas?

Vem de alguma crença limitante?

Por que você não se sente merecedor ou capaz de realmente ter o que você tanto deseja?

A ansiedade e o medo vêm da dúvida do desejo de se realizar. Por isso, identifique o quanto antes o motivo da sua dúvida para começar a fazer as afirmações e visualizações somente com vibrações positivas.

Faça isso quando identificar as suas dúvidas.

Pense assim: será que alguém parecido comigo no mundo já conseguiu isso que eu desejo? Com certeza sim! Espelhe-se nessas pessoas.

Elimine a dúvida vendo exemplos de pessoas que conseguiram algo parecido ou igual ao seu desejo.

Centenas de pessoas no mundo encontram um parceiro ideal, centenas de pessoas no mundo se curam de doenças, centenas de pessoas no mundo ficam milionárias, centenas de pessoas no mundo mudam de carreira, de vida.

Permita-se receber

Foque nos exemplos positivos que acontecem por aí; pare de olhar o que você tem hoje e permanecer com vibrações negativas. Você tem que acreditar que é possível. Olhe exemplos todos os dias que te inspirarão a permitir que você elimine a dúvida. A prosperidade e a abundância estão aí no campo quântico para todos.

Acreditar, ter fé, isso é permissão.

Pare de se questionar: mas como isso vai chegar até mim?

Isso não é problema seu. **Permita que a lei da atração faça.**

capítulo 16

MEDITAÇÃO E GRATIDÃO

Meditar todos os dias é fundamental. Procure meditar todos os dias, por pelo menos 15 a 30 minutos.

Se tiver alguma dúvida de como começar a meditar, sente-se em um lugar tranquilo, onde você não vai ser incomodado, na postura de lótus, de pernas cruzadas e deixe a coluna bem ereta. Feche os seus olhos e preste atenção no fluxo da sua respiração.

Já devem ter te falado que meditar é não pensar em nada, mas isso não existe, pois a natureza da nossa mente é pensar. Quando meditamos e colocamos nossa atenção no fluxo da nossa respiração, temos um intervalo maior entre um pensamento e outro e, com isso, conseguimos nos conectar mais com a nossa essência, com os nossos maiores sonhos, com as nossas crenças. Enfim, meditar te traz vários *insights* e te ajuda nesse processo de cocriação. Eu adoro fazer as visualizações de cocriação no final da minha prática de meditação, pois, como expliquei no capítulo quatro sobre as ondas cerebrais, quando meditamos, entramos em ondas Teta, e isso nos ajuda a nos conectarmos com o nosso subconsciente e também no processo de troca de crenças e de se conhecer mais a fundo.

No meu canal do YouTube (**www.youtube.com/ ThaisGalassi**), eu tenho várias meditações que podem te ajudar nesse processo.

Aponte a câmera de seu celular para o QR code ao lado e acesse o meu canal no Youtube

Vou te ensinar um exercício que faço todos os dias pela manhã e que também me ajuda a estar com emoções positivas e, como consequência, elevar minha vibração.

Exercício da gratidão: Todos os dias pela manhã, escreva em um papel 10 coisas pelas quais você é grato.

Meditação e gratidão

Podem ser coisas que já aconteceram, coisas que estão acontecendo no momento atual ou coisas que nem aconteceram ainda, mas que você deseja que aconteça.

Exemplo:
1. Gratidão pela minha saúde incrível.
2. Gratidão pelo companheiro ideal que está na minha vida (Ex.: já está acontecendo).
3. Gratidão pelo mundo que está cada vez melhor para se viver (futuro como se já estivesse acontecendo).
4. Gratidão pela quantia de $$ que tenho na minha conta (futuro como se já estivesse acontecendo).
5. Gratidão pelo carro incrível que amo (futuro como se já estivesse acontecendo).
6. Gratidão pela vida e saúde de meus familiares.
7. Gratidão por ter muita sorte e felicidade na minha vida.
8. Gratidão por receber várias propostas milionárias.
9. Gratidão por ser um ser de luz de infinitas possibilidades.
10. Gratidão por ter ideias incríveis e inovadoras todos os dias.

Faça esse exercício todos os dias, colocando no papel tudo pelo que você é grato.

Isso aumenta sua vibração e te deixa mais perto do seu desejo.

Caso você tenha algum desafio com alguma pessoa na sua vida, alguém que você não goste, sugiro que faça o exercício de enviar amor e luz para essa pessoa ou pessoas, que é outro exercício que eu faço todos os dias.

Parece muito difícil, mas eu garanto que, depois de uns 30 dias fazendo isso diariamente, algo mágico começa a acontecer.

Você muda a energia que você tinha com essa pessoa, e isso te deixa cada vez melhor.

Esse exercício é muito bacana para ir limpando tudo que te deixa com emoções negativas e, consequentemente, em vibrações negativas.

Exercício do amor: Pense nessas pessoas desafian-

Meditação e gratidão

tes e imagine saindo do centro do seu peito e indo em direção ao peito delas um fio de energia com amor, uma luz de amor e gratidão. Faça isso por cinco minutos para as pessoas desafiantes da sua vida, até esse sentimento ruim que você sentia desaparecer de dentro de você.

Eu faço o exercício da gratidão e do amor todos os dias pela manhã e isso já me deixa em uma vibração muito positiva.

capítulo 17

PASSO A PASSO DA MANIFESTAÇÃO

1. ESCOLHA SEU DESEJO

Aquilo que você gostaria muito que acontecesse na sua vida, aquilo que faria seu coração vibrar de felicidade. Escreva esse desejo com muitos detalhes em um papel, lembrando de escrever só aquilo que você quer que aconteça. Não use a palavra não.

Escreva no tempo presente sua carta de cocriação como se isso já fizesse parte da sua vida.

Esse desejo tem que te gerar uma emoção muito grande; seu coração tem que vibrar quando você pensar ou falar sobre ele.

2. LEIA SEU DESEJO TODOS OS DIAS

Leia em frente ao espelho sua carta de cocriação uma vez por dia com muita emoção (isso faz a mágica acontecer), com muita vontade, no tempo presente, como se isso já existisse na sua vida; empodere-se ao falar, acredite que já é real. Olhe-se nos olhos enquanto fala, veja-se nesse desejo, perceba seus olhos brilharem, pois você está lendo algo que já está na sua vida. A energia da emoção do coração, do desejo ardente, vai te levar a manifestar. Caso ainda não se sinta assim, observe se tem alguma crença limitante e faça o exercício que eu falei no capítulo dez.

3. VISUALIZE, MENTALIZE SEU DESEJO

Visualize e mentalize o seu desejo ardente antes de dormir e ao acordar por pelo menos 10 a 20 minutos, com vibração positiva, como se já fosse muito real.

Passo a passo da manifestação

No capítulo quatro, eu falo das ondas cerebrais. Assim que você acorda e antes de dormir, quando já está com aquele "soninho", você está em ondas Theta. Esses seriam os melhores momentos para isso.

Você pode gravar seu desejo no tempo presente, como se já estivesse acontecendo, e ouvir ao acordar e antes de dormir.

Ajuda muito também ouvir algumas afirmações positivas ao acordar para te ajudar a elevar sua vibração. No meu canal do Youtube (**www.youtube.com/ThaisGalassi**), você vai encontrar várias afirmações para te ajudar nesse processo.

Aponte a câmera de seu celular para o QR code ao lado e acesse o meu canal no Youtube

4. ACREDITE

Tenha fé, elimine dúvidas, medo e ansiedade. Se por acaso sentir algum sentimento ruim enquanto está mentalizando seu desejo, pare imediatamente e faça uma meditação, algumas técnicas de respirações conscientes, e volte ao exercício. Caso tenha alguma dúvida, no meu canal do YouTube eu dou técnicas de respiração e meditação que podem te ajudar nesse processo.

Você também pode fazer perguntas poderosas a si mesmo.

Por exemplo:

Por que quando mentalizo meu desejo ainda não consigo acreditar nele?

Eu me sinto merecedor? Eu me sinto capaz? Eu me sinto pronto?

Será que é realmente isso que quero?

Se eu tiver isso na minha vida, quais seriam as consequências ruins?

Se eu tivesse isso hoje na minha vida, como me sentiria?

Responda essas perguntas depois de fazer algumas respirações ou de meditar por cinco a dez minutos. É importante ter consciência das suas emoções enquanto mentaliza e visualiza seu desejo, pois a emoção vinda do coração é o que faz a mágica acontecer.

5. PROCURE ESTAR EM VIBRAÇÕES POSITIVAS

Mantenha as vibrações positivas durante a maior parte do seu dia, eliminando todo ódio, inveja, fofoca, críticas, pensamentos negativos e limitantes da sua vida. Não fique pensando o dia todo no seu desejo; solte ele, pois você já cocriou e, agora, ficar pensando nele a todo instante te leva à emoção da ansiedade, medo e dúvida, ou seja, frequências negativas, opostas ao seu desejo.

Medite todos os dias, esteja mais no agora, mais calmo e tranquilo. Isso ajuda a afastar a ansiedade e dúvida.

Faça o exercício da gratidão e do amor; seja mais grato pela sua vida. Mesmo que esse seu grande desejo ainda não tenha chegado, ser grato por tudo te deixa mais perto de atrair aquilo que você quer.

Elimine a ansiedade, medo ou qualquer emoção

ruim quando pensar e visualizar seu desejo. Caso sinta algo contrair, volte ao capítulo dez e descubra se você tem alguma crença limitante.

E acredite: quando eu comecei a praticar as leis universais, muita coisa começou a se materializar na minha vida. Use muito as leis e perceba a diferença que isso faz na sua vida.

Se você desejou, seu desejo já foi enviado como uma vibração para o campo quântico. Tenha paciência, confie no universo, permita que esse desejo chegue até você confiando.

Ser grato por tudo **te deixa mais perto de atrair aquilo** *que você quer.*

capítulo 18

SER DE LUZ

Você é um ser de luz de infinitas possibilidades e pode manifestar o que desejar. Nada te impede além dos seus pensamentos contraditórios.

A vida deve ser apreciada, deve ser alegre e leve. Saboreie mais seu presente, pois você está criando seu futuro hoje. Curta os pequenos acontecimentos, seja menos rígido com você, com os outros e com a vida.

Sorria para você, sorria para o mundo. Nada nessa vida é mais importante do que você se sentir bem.

O primeiro passo para manifestar é você estar em vibrações positivas. Então comece a ver sua vida com olhos de Deus. Veja bênçãos em tudo, enxergue milagres nas coisas, confie na fonte criadora de tudo que é.

Você é um ser único e exclusivo, não existe ninguém igual a você nesse mundo. Sinta-se especial, sinta-se merecedor de tudo.

> **A riqueza no mundo é infinita, o amor é universal, a saúde é um direito seu e a alegria de viver deve ser sua companheira diária.**

Por mais que as coisas estejam desafiadoras na sua vida hoje, isso não determinará seu futuro. Comece vendo o que de bom está acontecendo, sendo grato por esse desafio, buscando as possíveis soluções para isso e foque no que há de bom, foque no que você quer que aconteça daqui para frente.

Muitas pessoas apegadas ao passado, acabam criando sempre a mesma realidade.

Pense diferente, tenha emoções diferentes. Assim, você muda sua frequência e logo as coisas na sua vida começam a acontecer.

E, se você não acredita, faça o teste por um mês. Pense positivo, seja grato, trate os outros bem, seja generoso, sorria para a vida. Você verá sua vida começar a mudar.

Você é um ser
único e exclusivo.

Agradecimentos

Eu quero agradecer meu companheiro de vida, Sergio, que é a pessoa que mais me motiva a seguir os meus sonhos e a enxergar a vida por ângulos diferentes.

Também sou grata por todas as pessoas que passaram em mentoria comigo, porque eu aprendi muito com vocês; vocês deixaram um aprendizado comigo.

Agradeço ainda todas as pessoas que me acompanham em todos os meus canais, tanto no Instagram quanto no YouTube e no Spotify. Eu recebo um carinho muito grande e é isso, é essa energia de vocês, que me ajuda a seguir.

Quadro dos sonhos

1ª edição: fevereiro de 2022
Impressão: Gráfica Luxprint
Papel de miolo: papel offset branco 90g
Papel de capa: papel cartão 250g
Tipografias: Archer, Cera Pro, Kalista e Pringle and Tweed